Pablo de la Riestra
Vom Umgang mit unseren Häusern

Pablo de la Riestra
Vom Umgang mit unseren Häusern

MANUSCRIPTUM

Abbildungsnachweis:
Alle Zeichnungen vom Autor.
Fotos: Walter Röhm (Bad Urach), Seite 44 rechts; Manufactum, Seite 49 rechts;
alle übrigen Fotos vom Autor.

ISBN 3-933497-94-9

Inhalt

Wie dieses Buch
und seine Zeichnungen
entstanden

Der Ausgangspunkt dieses Werkes ist kein theoretischer, sondern ein ganz und gar sinnlicher: Das tägliche Erleben von Architekturen war es, das den Autor auf die Idee brachte, das Beobachtete zeichnerisch festzuhalten. Um den sich dabei fast zwangsläufig ergebenden didaktischen Aspekt zu vertiefen, wurden knappe erläuternde Texte zu den Zeichnungen verfaßt. Das Buch will so helfen, den Blick für etwas ganz Wesentliches zu schulen: für den Umgang mit den auf uns überkommenen Gebäuden, besonders den Wohnhäusern, die wir nicht einfach in Anspruch nehmen, „funktionalisieren" können, sondern deren Würde, deren oft in Jahrzehnten und Jahrhunderten geprägtes Eigenleben wir zu respektieren haben – bei allen berechtigten Ansprüchen an das Wohnen heute und in Zukunft. Das Anliegen fand sofort ein positives Echo beim Verlag und führte zu dieser Veröffentlichung.

Sämtliche Illustrationen dieses Buches sind zunächst als Bleistift-, dann als Tuschezeichnungen entstanden. Dafür wurde ausschließlich die traditionelle Technik der Federzeichnung, hier mit zwei unterschiedlich starken Federn, angewandt. Vor jedem neuen Strichzug muß die Feder mit einer kleinen Portion Tusche benäßt werden und etwa alle zehn Minuten mit Wasser gereinigt werden.

Zusätzlich werden Tuschekrusten mehrmals täglich von der Oberfläche und aus dem Spitzenspalt der Feder mit einer extradünnen Rasierklinge entfernt. Beim Nachzeichnen der Bleistiftlinien mit Tusche wird die Zeichnung zu einem völlig freihändigen Werk. Dabei sind schnurgerade Linien nicht möglich – letztlich handelt es sich nicht um „Baupläne" im modernen Sinne.

Die Kolorierung erfolgt ebenfalls freihändig mit Hilfe von Buntstiften. Die Technik besteht in der Überlagerung vieler vorsichtig aufgetragener Farbschichten. Übt man mit dem Buntstift Druck auf das Papier aus, wird die Farbe gleich satt, aber extrem grob. Um eine feine satte Fläche zu erreichen, sind sehr viele Schichten vonnöten, je nachdem 20 bis 40 und manchmal mehr Schichten. Die Buntstifte sollen nicht „soft", sondern normal sein. Ob die Stifte aquarellierbar sind oder nicht, spielt keine Rolle.

Wie man sieht, liegen zwischen dieser Art des Zeichnens und Computerzeichnungen Welten.

Alle Zeichnungen von einem und demselben Haus sind voneinander unabhängig, das heißt, jeder durch eine Illustration dargestellte Schritt erfordert eine komplett neue Zeichnung, nicht etwa nur Veränderungen von Details der Urzeichnung.

Nicht ohne Entsetzen mußte der Autor in den letzten Jahren feststellen, daß nach und nach viele der für diese Arbeit notwendigen Materialien von der Industrie einfach nicht mehr angefertigt werden (beispielsweise hochfeines weißes, doppelt geleimtes, glattes Zeichenpapier) oder nicht mehr lieferbar sind wie die weltweit besten, früher in England produzierten Federn. Tusche und Buntstifte sind noch problemlos im Laden zu erhalten, bei den Stiften ist jedoch die Softtendenz so stark, daß manche Nichtsoft-Marken nur im Internethandel zu beschaffen sind.

Nicht unerwähnt soll bleiben, daß die Zeichnungen auf einem Zeichentisch entstanden sind, dessen Produktion – trotz hervorragender Qualität – vor Jahren eingestellt wurde. Offensichtlich hat sich das Computerzeichnen so stark durchgesetzt, daß Zeichentische überflüssig geworden sind.

All diese Gründe zwingen den Autor, eigentlich ungewollt nur noch mit „musealen" Geräten zu arbeiten. Ob das auch in Zukunft so sein kann, ist eher eine Frage der Vorräte an alten Utensilien, die man vor Jahren gekauft hat oder denen man gelegentlich als „antiquarischen" Glücksfällen begegnet. Für die Vermittlung von Restbeständen der genannten Papiersorte (z. B. als „Technischer Zeichenblock") über den Verlag wäre der Autor sehr dankbar.

Zu den gezeichneten Häusern ist zu sagen, daß die meisten von ihnen der Vorstellung des Autors entstammen, obwohl sie durchaus realen Objekten entsprechen.

Für die Vermittlung von Fachtermini danke ich den Architekten Manfred Ritter (Marburg) und Michael Taschner (Nürnberg).

Dr. Peter Blümel (Marburg) hat mir in freundschaftlicher Weise beim Korrekturlesen geholfen.

Für den fließenden, angenehmen Redaktionsdialog bleibe ich der Manuscriptum-Verlagsbuchhandlung verbunden.

Marburg, im Dezember 2003
Pablo de la Riestra

Es war einmal ein schönes Haus

Es war einmal ein freistehendes Haus (A) in einer Nebenstraße einer mittelgroßen deutschen Stadt: zwei Geschosse auf Keller, Dachgeschoß unter großem rotem Walmdach mit kleiner Dachgaupe, verputzte und weißgestrichene Fassade mit Sockel, Tür- und Fenstereinfassungen aus Sandstein – das Ganze in streng symmetrischer Komposition. Zu der üblichen rötlich-warmen Sandsteinfarbe kontrastierte lebhaft der blaugrüne Ton von Fensterläden und Haustür. Diese war durch weiße Profilleisten in Tafeln gegliedert, was mit den ebenfalls in Weiß gehaltenen Sprossenfenstern gut harmonierte.

Fast könnte man sagen, das Haus war „zeitlos", denn genau genommen handelt es sich hier um einen Haustypus, für den es Vorstufen bereits im 17. Jahrhundert und sogar früher gab. Allerdings ist es durchaus nicht selbstverständlich, daß in den 1920er Jahren der Bau solcher Häuser wieder möglich war. Erst als es in den Jahren um den Ersten Weltkrieg zur Überwindung der mit hundert verschiedenen historistischen Formen überfrachteten Architektur kam, wurde eine solche, scheinbar zeitlose Vereinfachung wieder denkbar. Dieses Haus war damals wieder „modern" – wenn auch, was den Fassadenentwurf betrifft, keineswegs avantgardistisch. Dabei hatte es natürlich allen zeitgemäßen Komfort. Ein

Vergleich des Grundrisses mit älteren, um 1800, 1700 oder 1600 errichteten Häusern ist daher nicht möglich.

Nun ist ja gut verständlich, daß in der achtzigjährigen Geschichte dieses Hauses Veränderungen vorgenommen wurden. Gerade das letzte Jahrhundert hat so viel an technischen und allgemeinzivilisatorischen Fortschritten gebracht, daß es verwunderlich wäre, wenn hier alles genau beim alten geblieben wäre. Bedürfnisse und Technik hatten sich schneller als in allen vorangegangenen Jahrhunderten geändert und fast immer einen Verlust alter Formen zur Folge.

Wohl hauptsächlich durch die Ästhetik neuerer Bauten angeregt, hat der Hausbesitzer plötzlich auf seine Fensterläden verzichtet (B). Geblieben sind die in die Sandsteingewände eingebauten Kloben, bei deren Entfernung der Sandstein mit Sicherheit beschädigt worden wäre. Die Verdunklung der Schlafräume im oberen Geschoß war jetzt lediglich noch durch Vorhänge möglich. Die bisherige erste morgendliche „Arbeit", das Öffnen der Fensterläden, wozu man ja die Arme strecken muß, wurde offenbar als zu mühsam empfunden. Außerdem ersparte man sich so die regelmäßige Pflege der Läden.

Etwas später kam ein neuer Hausbesitzer, der offensichtlich noch stärker vom gewandelten

A

B

11

Zeitgeist erfaßt war: Jetzt verschwanden die alte Haustür und die Sprossenfenster (C). Sie wurden durch Aluminiumblockrahmen mit Glasscheiben ohne Unterteilung ersetzt – praktisch gesehen durchaus eine plausible Maßnahme: Man hatte nun mehr Licht im Flur, konnte leichter Fenster putzen und brauchte nie mehr Fenster- und Türrahmen zu streichen. Nebenbei wies das Silbrig-Metallne den Hausbesitzer als Menschen des technischen Zeitalters aus. Die freiere Sicht auf die Außenwelt scheint übrigens für das Weglassen der Sprossenfenster keine wesentliche Rolle gespielt zu haben, denn die vielen hinter den Fenstern stehenden Zimmerpflanzen behindern den Blick stärker als vormals die Fenstersprossen. Damit hat das Fenster eine seiner wichtigsten Funktionen, nämlich die Wahrnehmung der Außenwelt, eingebüßt, was merkwürdigerweise in Deutschland oft genug der Fall ist. Ersetzt wurde auch die alte Lampe rechts neben der Haustür, hätte doch ihr schwarzes Gehäuse mit pyramidalem Dächlein nicht mehr in die Zeit der Raumfahrt gepaßt.

Hatte das Haus in seinem dritten Veränderungsstadium auch seinen Charakter preisgegeben, war doch noch immer eine kahlgeschorene Version des glücklichen Erbauungszustands erkennbar geblieben.

Beim vierten Veränderungsschritt hat das Haus nun wirklich seine Seele verloren (D) – und das im Namen eines angeblichen Fortschritts und ohne jeglichen Eingriff in die Bausubstanz, sieht man von der Verbreiterung der Haustür ab. Man wollte mehr Licht im Flur haben, gab aber damit den intimen Eindruck

des Einfamilienhauses auf, der früher durch die schmalere Tür symbolisiert wurde. Jetzt könnte man sogar eine Praxis oder ein Büro im Haus vermuten, so sehr hat der neue Eingang den Charakter des Gebäudes verändert. Auch die anderen Eingriffe waren schwerwiegend: Plastikrolladen mit metallenen Kästen, eine kastenförmige Dachgaupe mit dreiteiliger Fenstergruppe, neue, dunkelbraun engobierte Betondachsteine. Das Problem der Verdunklung aller Räume war also gelöst, auch wurde das Dachgeschoß deutlich wohnlicher. Selbst einen Flügel hätte man jetzt durch die Haustür schieben können, und der Flur benötigte nur noch nachts elektrische Beleuchtung. In den 1970er Jahren gab man recht dunklen Dachziegeln den Vorzug. Zwar dunkelt ein rotes Dach mit der Zeit nach, aber auch dann läßt sich seine Farbe nicht mit einer primär dunkelbraunen Dachdeckung vergleichen. Das Aluminium, ein dem Hausstil völlig fremdes Material, das bereits in der dritten Veränderungsstufe in Erscheinung getreten war, hat jetzt die Oberhand gewonnen: als Außenrahmen für die Haustür, als Material aller Öffnungsflügel, als Kasten über jedem Fenster und als Abschluß der Dachgaupe. Eine neue, durchaus neutrale Haustürlampe wurde jetzt links plaziert. Die neue, breitere Stufe zur Haustür wurde ausnahmsweise im alten Material, Sandstein, in Auftrag gegeben.

Aber noch immer waren nicht alle Bedürfnisse der neuen Hausbewohner abgedeckt: Bald wurde an die rechte Flanke eine Garage angebaut (Seite 15, E). Sie trug ein Flachdach und als Wandabschluß ein Band schwarzer Kunstschieferplatten. Endlich gab es jetzt

C

D

13

auch einen wettergeschützten Eingang, wofür man als Pultdach eine Wellplatte aus Plexiglas und als Seitenschutz eine rechtsbündige Zusatzplatte hatte anbringen lassen.

Jetzt lag es nahe, das Flachdach der Garage zu einer Balkonterrasse umzubauen (F). Die Bewohner des Hauses hatten das Bedürfnis, die schönen Sommermonate im Freien genießen zu können; eine Veranda an der Hausrückseite war nicht vorhanden. Nun sichert eine etwas verschnörkelte und sicher teuer bezahlte schmiedeeiserne Brüstung die Terrassenfläche. Notwendige Stufen verbinden durch die zur Tür umgebaute Fensteröffnung das Hausinnere mit der Garagenterrasse.

Nun fehlt dem Haus nichts mehr, was das Wohlergehen der Bewohner beeinträchtigen könnte: Um jede Verschmutzung der weißen Wandfläche auszuschließen, hatte man sich zur dunklen Verkachelung des Erdgeschosses entschlossen. Feuchtigkeitsflecken können so nicht mehr in Erscheinung treten, auch für Graffitibeschmierer ist das Haus deutlich unattraktiver geworden. Das Dachgeschoß eignet sich besser denn je für gemütliches Wohnen: Durch das neue, die Haussymmetrie durchbrechende Dachflächenfenster fällt reichlich Licht ein. Und die ungeschickt über die Dachkante ragende Parabolantenne garantiert gewiß gute Unterhaltung vor dem Fernsehgerät.

Natürlich war jeder Schritt des ganzen Veränderungsprozesses dieses Wohnhauses gut gemeint. Was gäbe es Legitimeres, als sich durch Neuerungen geänderten Bedürfnissen anzupassen und sich Gutes zu gönnen? Das alles ist nachvollziehbar.

Das eigentliche Problem ist der Einfluß einer Hausgestaltung auf den öffentlichen Raum. Ist das Innere des Hauses heilige Privatsphäre, so stellt das Haus in der Straße nur ein Kettenglied des öffentlichen Stadtraums dar, auf den es einwirkt. Die persönliche Freiheit tritt hier in Spannung zur Außenwelt.

Ein Hausentwurf, ganz gleich aus welcher Zeit, entsteht nicht zufällig. Er entspricht vielmehr einer mehr oder weniger geglückten, ganzheitlichen inneren Logik. Da jedoch Wechselfälle zum Leben gehören – und sei es „nur" der Zahn der Zeit –, ist die Einstellung, jede Veränderung zu vermeiden, sicher realitätsfremd. Dies um so mehr, als nicht jedes Haus ein „Denkmal" ist, das es in möglichst vollständigem Urzustand zu bewahren gilt. Dennoch: Ein Haus muß kein großes Kunstwerk sein, um Respekt zu verdienen, einen Respekt, der letztlich dem Stadtbild zugute kommt. Das Kennen und Verstehen einer Hausgestaltung hilft bei notwendigen oder gewünschten Veränderungen, Fehler zu vermeiden.

Die Zeit hat unserem Haus arg zugesetzt. Von der ursprünglichen, zwar unspektakulären, aber durchaus reizvollen, würdig-wohltuenden Schönheit seiner einfachen Architektur ist nach fünf Veränderungsschritten so gut wie nichts übriggeblieben. Es ähnelt heute einer Mischung aus geistlosem Wohnhaus und Metzgerladen, wo alles fehl am Platze ist: Falsch sind die Materialien Aluminium, Plexiglas, Kacheln und Kunstschiefer. Falsch sind die Farben und Formen: das Schwarze der Kacheln und Platten, das verschnörkelte Muster der Gitterbrüstung, die Kästen der

E

F

15

Rolläden und die klobige Flachdachgaupe. Die ursprünglich lebendig-rote Dachfarbe ist verloschen, nennenswerte Störungen sind auch das zu große, zusätzliche Dachflächenfenster und die weiße Antenne, die die schöne Form des Walmdachs beeinträchtigt. Das Balkongitter wäre unter Umständen für ein barockes oder historistisches Haus ein gutes Motiv, hier ist es eine befremdliche Zutat – schade, das Gitter sollte der „Stolz" des Hauses sein!

Die genannten Materialien sind an sich nicht schlimm: Verkachelung ist für eine Schwimmhalle, eine Unterführung oder eben einen Metzgerladen durchaus sinnvoll, Plexiglas wäre für ein kleines Gewächshaus angebracht, Aluminium kann sich bei einem moderneren Hausentwurf bewähren – allerdings eher für Büro- und Industriearchitektur.

Es sind nur gutgemeinte und hauptsächlich praktische Gründe, die das Haus bis zur Unkenntlichkeit verunstaltet haben. Die Bewohner brauchen sich frühmorgens und spätabends nicht mehr aus den Fenstern zu lehnen, sie müssen nicht an Renovierung von Tür und Fenstern denken. Durch die Beseitigung der Sprossenfenster wurde nicht nur das Fensterputzen erleichtert, sondern eine „Modernisierung" der Fassade erreicht. Die Lichtverhältnisse wurden verbessert: mehr Helligkeit im Flur und im Dachgeschoß und Verdunklungsmöglichkeit für alle Räume. Dann wurden die eigene Garage und der geschützte Eingang geschaffen. Schließlich kamen noch die Balkonterrasse, der „Schutz" der unteren Fassadenwand und TV weltweit hinzu.

Für alle diese legitimen Bedürfnisse sollen sinnvolle Alternativen zu den bisher beschriebenen Veränderungsschritten gefunden werden, wobei die Schonung des ursprünglichen Hausentwurfs unerläßlich ist. Solch sensibler Umgang mit dem Haus lohnt, da es im Erbauungszustand erkennbare Qualität und Harmonie zeigte – behutsame Anpassung ist geboten.

Für den Verlust der Fensterläden gibt es keinen Ersatz. Wenn ein Haus einmal mit Fensterläden geplant wurde, wird es schmerzen, wenn sie fehlen – also müßten sie immer an ihrer Stelle bleiben. Die Bedienung von Fensterläden ist tatsächlich etwas anstrengender und deutlich zeitaufwendiger als die Betätigung von Rolläden. Wenn ein Hausbewohner nicht bereit ist, morgens und abends auf die kleine, gesunde Leibesübung in der frischen Luft des geöffneten Fensters einige Minuten zu verwenden, stünde ihm als Alternative der Einbau einer mechanischen Innenbetätigung der Läden oder die Anschaffung von Innenjalousien bzw. abdunkelnden Vorhängen zur Verfügung. Rolläden zusätzlich zu den Fensterläden sind eine wenig glückliche Variante (siehe Seite 41). Sie ist redundant und ästhetisch dürftig – auch ohne äußeren Rollkasten.

Auch auf die Sprossenfenster kann man bei einem solchen Haus nicht verzichten. Sie haben eine lange Geschichte, waren sie doch bereits im gotischen Kreuzfenster vorgebildet. Da noch im Spätbarock fast nur verhältnismäßig kleine Scheiben hergestellt werden konnten, mußte der Blockrahmen von Fenstern und Türen in mehrere Rechtecke unterteilt

D1

E1

werden. In der Zeit der industriellen Revolution wurde die Herstellung großer Fensterscheiben möglich, wie für Deutschland die Schaufenster der Schinkelschen Bauakademie in Berlin beweisen. Bis aber große Scheiben üblich wurden, war es noch ein langer Weg. Die amerikanische Büro- und Kaufhausarchitektur des späten 19. Jahrhunderts verbreitete sie endgültig. Für Wohnhäuser in Europa waren sie zu teuer und kaum gewünscht, was sich erst nach 1945 grundlegend änderte.

Wirklich überzeugende Optionen für B und C gibt es nicht. Erst für D, als das Haus bereits über die Schmerzgrenze hinaus verändert war, lassen sich rettende Alternativen finden. Sie werden durch die Zeichnung D1 (Seite 17) veranschaulicht: Bei Bewahrung bzw. Restitution der auf B und C verlorengegangenen Fensterläden und Sprossenfenster zeigt das Haus eine breitere Eingangstür, deren Einfassung (Gewände und „Bekleidung") nach dem Vorbild der ursprünglichen Tür und der Fenster in rötlichem Sandstein hergestellt wurde. Die Tür selbst ist zweiteilig, wobei gewöhnlich nur der rechte Flügel geöffnet wird. Zur Not läßt sich auch der schmale linke Teil öffnen. Mit Glasscheiben versehen, ermöglicht jetzt die Tür die gewünschte natürliche Beleuchtung des Empfangsflurs, wirkt allerdings etwas weniger intim. Eine verzinkte halbkreisförmige Bedachung schützt die neue Fassadenlampe. Auf dem Walm wurde ein Pultdach neu gezimmert, das die Breite dreier Fenster einnimmt und eine sogenannte Schleppgaupe bildet. Es begleitet wunderbar die Schräge des Dachs und wirkt wie aus einem Guß mit dem Haus entstanden. Tatsächlich bot die alte kleine Gaupe kaum Raum und Licht. In früheren Jahrhunderten wurde die Helligkeit des Dachbodens durch die einfache Vermehrung der Gaupen auf reizvolle Weise erreicht. Da aber die historischen Dachböden meist nicht bewohnt waren, spielte Wohnlichkeit oder Gewinn an Wohnplatz kaum eine Rolle. Erst durch die Überbevölkerung der Innenstädte seit dem 19. Jahrhundert wurden die Dachgeschosse systematisch für das Wohnen in Anspruch genommen, eine Situation, die sich im 20. Jahrhundert weiter intensiviert hat.

Zwei Alternativen zu E und F zeigen die Zeichnungen E1 (Seite 17) und F1 (Seite 19), was die perspektivischen Darstellungen E2 und F2 (Seite 20) zusätzlich verdeutlichen.

Bei E1 hat die Haustür als Wetterschutz ein Pultdach erhalten. Es ist wie das Hauptdach mit Pfannen gedeckt und wird von einer einfachen Holzkonstruktion getragen. Damit der Kubus des Hauses nicht gestört wird, hat sich der Besitzer für einen sogenannten Carport entschieden, womit sein Parkproblem hinreichend gelöst ist. Auch bei dieser Lösung muß der Wagen nicht unter freiem Himmel stehen. Der „Port" ist eine Holzkonstruktion unter flachem Satteldach. Die Dachziegel folgen dem Muster von Hauptdach und Türpult.

Bei F1 besteht das schützende Portaldach aus einem Metallgestell mit farblosen Glasscheiben. Sie kompensieren den geringen Helligkeitsverlust im Flur, wie er von einem ziegelgedeckten Pult bewirkt wird. Ästhetisch korrekt, wirkt das Glasdach jedoch weniger „häuslich" als das rote Pult. Zusammen mit

F1

der verbreiterten Tür und ihren mit Glas verse-
henen Flügeln suggeriert das Portal eher die
Eingangssituation einer Zahnarztpraxis als die
eines Wohnhauses. Will man das Auto ganz
wegschließen, baut man doch einen
Garagenannex, der zugleich den ersehnten
großen Balkon ermöglicht. Es ist nämlich diese
Terrasse, die Haus und Annex als zusammen-
hängendes Gebilde erscheinen läßt. Eine
schlichte Gitterbrüstung aus senkrechten

Stangen fügt sich gut in den Stil des Hauses.
Die Integration beider Baukörper wird durch
eine senkrecht gestreifte Garagentür in den
Farben der Fassade gefördert. Läßt sich auf-
grund der Empfangsbedingungen die
Parabolantenne nicht auf der Dachrückseite
anbringen, sollte die „Schüssel" mit den
Dachziegeln farbgleich sein und nicht vor der
Dachkante stehen (als negatives Beispiel siehe
Seite 41).

E2

F2

Das wahrhaftige Schicksal eines Fachwerkhauses

Stellvertretend für Abertausende von Beispielen soll im folgenden gezeigt werden, welche äußeren Veränderungen ein und dasselbe Fachwerkhaus im Wandel der Zeit über sich ergehen lassen mußte.

Gewählt wurde ein mitteldeutsches Haus, das bereits seit dem 16. Jahrhundert an dieser Stelle steht. Es handelt sich um ein noch heute erhaltenes Rähmbauskelett (Seite 23, A), bei dem die senkrechten Hölzer (Ständer) jeweils nur die Höhe eines Stockwerks erreichen (siehe Fachwerkvokabular Seite 56). In früheren Zeiten, im 13., 14. und zum Teil auch im 15. Jahrhundert, war der Ständerbau vorherrschend. Bei ihm verlaufen die senkrechten Hauptbalken in einem Stück über mehrere Geschosse.

Unser (Eck)-Haus war auf einem niedrigen steinernen Sockel errichtet worden, der die Schwelle vor Feuchtigkeit schützte. Dicht an der linken Hauskante sieht man den Radabweiser oder „Schreckstein", einen Schutz vor dem Wagenverkehr. An der Schmal- oder Giebelseite befand sich im Erdgeschoß links die Tür, deren Rahmen noch die hölzerne Imitation eines gotischen Spitzbogens war. Der Haustürflügel zeigte ein Winkelmuster, das charakteristisch für die Kunst der Länder deutscher Sprache war. Hier unten befand sich wohl eine kleine Werkstatt,

die nach vorn geschlossen war, aber von der Seite, nämlich von der linken freien Flanke des Hauses her, erhellt wurde. Im Obergeschoß waren die Wohngemächer untergebracht; sie besaßen keine Fenster, sondern vier eng nebeneinanderstehende Öffnungen an der Giebelseite, die durch Holzläden verschließbar waren. Der als Speicher bestimmte Dachboden hatte ebenfalls am Giebel zwei Öffnungen. Zur Steifung der Konstruktion benutzte man diagonale Hölzer, Streben genannt, die im Obergeschoß links und rechts der Eckständer zu sehen waren, und die unterhalb des Brustriegels plazierten Winkelhölzer, die als kurze Fußstreben die Wandständer mit der Obergeschoßschwelle verbinden. Um 1550 war das Balkenwerk rot gestrichen; es setzte sich wirkungsvoll gegen die verputzten und weißgekalkten Gefache ab. Die Tür war wohl lediglich gewachst. Nach einem vom Stadtrat kurz zuvor erlassenen Verbot, Dächer mit Stroh zu decken, zeigte das Haus bereits stolze handgemachte Dachpfannen. Geld für verglaste Fensterrahmen gab es zunächst nicht.

Um 1700 (B) sah das Haus durch eine veränderte Farbfassung wie neu aus. Der Barock bevorzugte die Integration der Baupartien. Bei Fachwerk glich man gern die Farbigkeit der Balken an die der Gefache an. Im vorliegenden Fall war der Ton des Holzwerks etwas dunkler gehalten als die Farbe der Fächer. Nicht selten überzog man aber auch ganze Fassaden mit demselben Anstrich. Hier waren die Rahmen der verbleiten Fenster in Grau gefaßt wie auch die Giebelläden, das neue Portal mit Oberlicht und der in Rhombenmuster aufgelöste Türflügel. Zur zusätzlichen Erhellung des Erdgeschosses brach man ein Kreuzfenster auf, wozu der alte Kopfriegel beibehalten wurde; dabei öffnete man das obere mittlere Fach und das darunterliegende. Mit der Eindämmung der ursprünglichen Farbkontraste zwischen dem Holzskelett und seiner Füllung hatte man das Haus ästhetisch vollkommen „modernisiert". Wenn man genau hinschaut, sieht man, daß der Sockel „von der Erde verschluckt worden" ist – nur die Grundschwelle ragt aus dem Boden heraus. Die Erklärung hierfür liegt im gestiegenen Straßenniveau: Statt Schmutz und Unflat zu beseitigen, hatte man sie 150 Jahre lang immer wieder mit Erde bedeckt; der Boden war so etwas höher geworden.

Um 1850 war die Straße endlich einen dreiviertel Meter höher als im 16. Jahrhundert (C). Wäre die Grundschwelle nicht von der Straße „verschluckt" worden, hätte man sie trotzdem nicht sehen können, da die ganze Hausfassade hinter einer Putzschicht verschwunden war. Was war hier passiert? Die Erklärung klingt etwas befremdlich, spiegelt aber die nackte Wahrheit wider: Um 1800 war Europa von einer bedingungslosen Begeisterung für die griechisch-römische Antike erfaßt. Dieser Enthusiasmus war noch ausgeprägter als zur Zeit der Renaissance.

Die eigene Fachwerkbauweise wurde als völlig wertlos empfunden, und zwar so sehr, daß man sich regelrecht geschämt hat, in Fachwerkstädten zu wohnen. Bedauerlicherweise empfindet auch heute noch mancher Kunsthistoriker diese Scham! Da man finanziell nicht in der Lage war, alte Häuser abzureißen und neue zu errichten, mußte man sich damit zufriedengeben, die vorhandenen als „Massivbauten" zu tarnen. Dies war nur durch eine dick aufgetragene Putzschicht machbar. Selbst die der Neoklassik zeitgleiche romantische Bewegung mit ihrer neuen, positiven Bewertung des Mittelalters konnte lange Zeit nichts für die Rehabilitierung des Fachwerks tun. Mitte des 19. Jahrhunderts war die freie Sicht auf Fachwerk in Deutschland so gut wie verschwunden. Von einigen neuen, meist gegen das Jahrhundertende errichteten Fachwerkbauten abgesehen, blieben noch Anfang des 20. Jahrhunderts zahllose Fachwerkhäuser hinter ihrer Putzhülle gefangen – etliche davon bis heute (siehe Seite 42). Die Steinbauimitation war jedoch wenig überzeugend, da zum Beispiel die Vorkragung der Obergeschosse die Struktur des Fachwerks verriet. Für die Erhaltung der Holzkonstruktion war der Putz durchaus nicht immer harmlos: Wenn Risse im Putz entstanden, wurde das dahinterliegende Fachwerk feucht, was für das Holz natürlich schädlich war. Auch Pilzbefall war ein Kollateralschaden. Die Einführung von Dachrinnen und Fallrohren ab 1850 stellte dann einen beachtlichen Fortschritt dar. Da sie früher fehlten und die rechte Seitenflanke unseres Hauses so jahrhundertelang unter dem eigenen Regen-

A

B

C

D

wasser und dem des Nachbarhauses litt (siehe Seite 27 oben), sackte es etwas zur Seite ab. Die Grundschwelle war dort bereits verfault.

In diesem Zustand leugnete das Haus seine eigene Natur. Gerade das Besondere des Fachwerks, nämlich daß die Struktur zugleich als „Dekoration" wahrgenommen wird, war plötzlich weg. Die Tür war jetzt klassizistisch, die neuen Fenster waren mit weißen Blockrahmen versehen worden. An die Giebelspitze kam ein kleines rhombenförmiges Fensterchen.

Dem Haus fehlte allerdings nach wie vor eine richtige Toilette bzw. ein Badezimmer; daran hatte sich in drei Jahrhunderten nichts geändert. Erst seit 1880 gab es ganze Stadtnetze von unterirdischen Wasserkanälen, ebenso Quellwasserfernleitungen. Das Wasserklosett, eine Erfindung um 1840, wurde beispielsweise in Berlin erst gegen 1860 eingeführt.

Die „Freilegung" kam erst Ende der 1920er Jahre (D). Endlich war der Putz entfernt, und die Konstruktion konnte wieder als solche glänzen. Einer richtigen historischen Untersuchung war das Haus nicht unterzogen worden. Aus stilistischen Gründen beseitigte man die klassizistische Tür. Als äußere Verstärkung der etwas verformten Konstruktion kam im Erdgeschoß eine Gegenstrebe hinzu. Um die Fenster im Erdgeschoß vergrößern zu können, wurde der Kopfriegel teilweise entfernt. Diese äußeren Veränderungen wurden von beträchtlichen Umbaumaßnahmen im Hausinneren begleitet. Das Obergeschoß bekam durch zusätzliche seitliche Fenster eine Art Fensterband, das Dachgeschoß wurde bewohnbar gemacht, das Giebelfensterchen

beibehalten. Obwohl das Haus jetzt den neuen Bedürfnissen angepaßt war – Bade- und Toilettenzimmer, elektrisches Licht, moderne Küche –, hatte sein Außenbild die Wesenszüge der Erbauungszeit gut bewahrt. Alle Balken waren dunkelbraun gestrichen, die früher etwas plumpe Plazierung des rechten Fallrohrs hatte man geändert.

Keine Frage: Nach diesen Maßnahmen war die Bauunterhaltung aufwendiger geworden – allemal aufwendiger als im verputzten Zustand. Dies sollte dem Haus zum Verhängnis werden.

Nach dem Zweiten Weltkrieg – in der Hauptsache aufgrund praktischer Überlegungen und von Aktualisierungsbedürfnissen – fielen viele Leute mit altem Hausbesitz der Versuchung anheim, demonstrativ modischmodern zu sein.

Unser Haus hatte bereits 1960 seine Modernisierung hinter sich, die irgendwie auch eine vermeintliche Demokratisierung einschloß (E). Bei „demokratischen" Häusern mußten sämtliche Öffnungen vergrößert und mit Messingblockrahmen und großen einteiligen Scheiben versehen sein, wozu bei unserem Haus einige Ständer der Säge zum Opfer fielen. Das Haus hatte beinahe Aquariumcharakter gewonnen. Es war ein schönes, neuartiges Gefühl, zu erleben, wie der Straßenraum durch die großzügige Befensterung in das Hausinnere einwirkte. Endlich, nach Jahrhunderten, hatte sich das Haus geöffnet! Als Sockelleiste kam eine Verkleidung aus schwarzen Kacheln hinzu, die als schöne Ergänzung zur Messingfarbe und zum Braun der Balken empfunden wurde.

E

F

15 Jahre später hatte man mit dem ständigen Erneuern der falschen, abblätternden braunen Farbe der Balken die Geduld verloren. Man ist dann „zu einer Lösung für die Ewigkeit" übergegangen (F). Wieder wurde das Fachwerk bedeckt, diesmal nicht, um einen Massivbau zu imitieren (dies erscheint heute beinahe naiv-idealistisch), sondern um ein für allemal nichts mehr mit der Fassade zu tun zu haben. Auf Latten, die zum Glück eine dünne Luftkammer bilden und so die bauphysikalische Atmung des Hauses erlauben, wurden Asbestzementplatten genagelt, eine wahre Endlösung! Daß sich Asbest kurze Zeit später – obwohl ein natürliches Material – als krebserregend entpuppte, interessierte niemanden mehr. Für die reine Optik wären die Faserzementplatten der neuen Generation keinen Deut besser.

Das Haus steht also heute am tiefsten Punkt seiner Geschichte und kann als das Kunstwerk, das es im Kern noch immer ist, überhaupt nicht mehr wahrgenommen werden. Unbestreitbar bleibt die Tatsache, daß es sehr viel pflegeleichter geworden ist. Strenggenommen wurde also dieses Zuhause ein Opfer der „Vernunft". Selbst häßlich, entwertet es auch seine historische Umgebung in sträflicher Weise, wie die untere Zeichnung auf Seite 27 zeigt.

Der Zustand der Häuserreihe um 1790 zeigte unser Eckhaus A noch in der Farbfassung von 1700. Die Häuser B und C waren barock bzw. in der Barockzeit umgebaut. Das schmale Haus D zeigte immer noch den Zustand vom Erbauungsjahr 1390! Sogar die Dachziegel waren hier noch die ursprünglichen. Um 1890 waren alle vier Häuser verputzt: C und D erhielten ursprünglich nicht vorhandene Fensterläden. Der Zustand um 1990 verdeutlicht die durch die völlig unpassende Veränderung des Hauses A verursachte Verunstaltung des Straßenzuges. Nicht nur die Materialien sind falsch, auch die breitgelagerten Fenster zerstören den Rhythmus der Häuserzeile. Ein großer Gewinn war die Freilegung der Häuser B und D. Haus C bleibt unter dem Putz als Fachwerkbau unkenntlich – seine bereichernden Fensterläden sind auch verlorengegangen.

Die Internationalisierung unseres Hauses als Ausdruck einer „Demokratisierung" war eine recht mißlungene Aktion. Ein geschichtsbewußter Hausbesitzer, der sein Haus der Tradition verpflichtet erhält, muß deshalb politisch keineswegs reaktionär-konservativ sein. Die Niederlande sind wohl der beste Beleg dafür, daß modernstes Leben sich im wohlerhaltenen historischen Rahmen ganz ungehindert entfalten kann. Ergo hat ein traditionsbewußt erhaltenes altes Fachwerkhaus nichts, was der Demokratie schädlich sein könnte.

1790

1890

1990

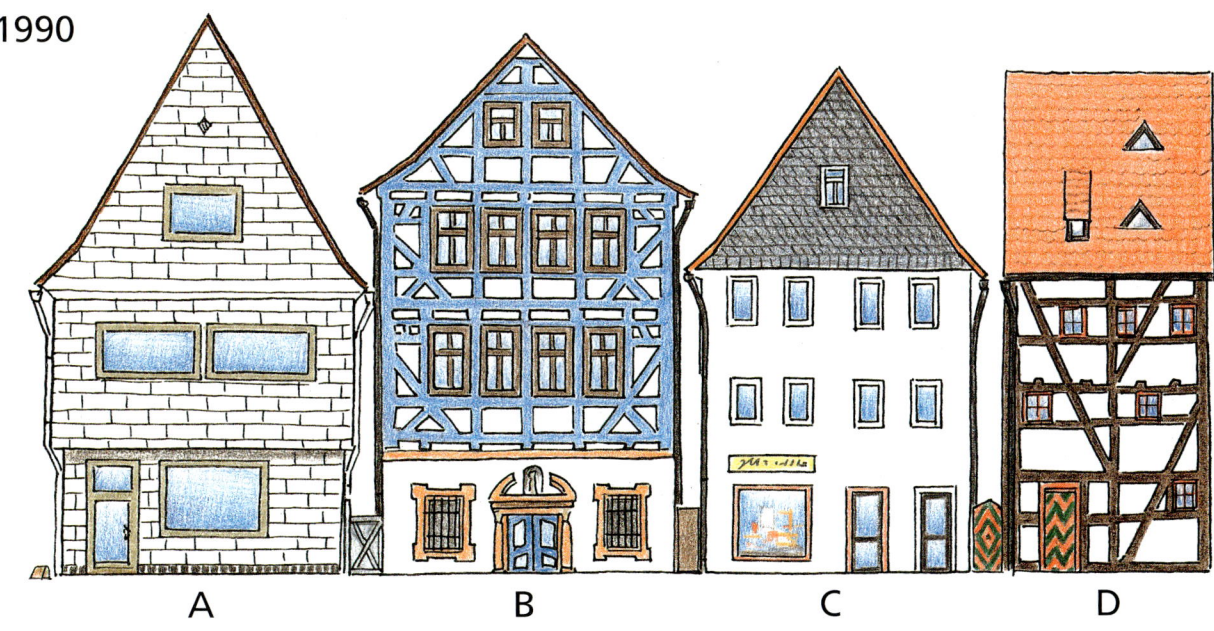

A   B   C   D

Wie eine Erbteilung ein uraltes Fachwerkhaus „halbierte"

Ein spätgotisches Fachwerkhaus hat in seiner über 500 Jahre langen Geschichte die Besitzer oft genug gewechselt, bis es gegen 1980 durch einen Erbfall zu der wortwörtlichen Halbierung des Besitzes kam. Dies hätte im übrigen in vergangenen Jahrhunderten ebenso passieren können. Die neue Partei, die genau eine Hälfte des langgestreckten Anwesens erhielt, von dem hier die Giebelseite dargestellt wird (A), war weder an Geschichte noch an Ästhetik interessiert. Sie wünschte auf keinen Fall eine aufwendige Unterhaltung, wie sie bekanntlich Altbauten erfordern. Deshalb ließ sie das halbe Haus mit hellen Zementfaserplatten verkleiden (B). (Als real existierendes Beispiel für dieses nicht seltene Vorgehen siehe Seite 42).

Dabei ist die Halbierung als solche nicht das Schlimme. Im Spätmittelalter war die Symmetrie nicht gerade das höchste Gebot, sogar große und kleine „Halbgiebelfassaden" waren nichts Ungewöhnliches (siehe Seite 43). Wie so oft, ist nicht das „Was", sondern eher das „Wie" das Problem. Zementfaserplatten versprechen Ewigkeit (lat. aeternitas!) – daß „häßlich auf ewig" nicht der richtige Weg sein kann, ist unstrittig. Diese Platten sind in Materialität, Farbe und oft auch Größe eine Strafe für jeden Altbau. Daß es notfalls dennoch eine gute alternative Fachwerk-verkleidung gibt, zeigen traditionelle Verfahren. Deren Materialien mögen schneller verwittern, sind aber die bessere Variante zur Lösung des Problems.

Eine Methode, die in der Vergangenheit fast überall in Deutschland erfolgreiche Verwendung fand, ist die Verbretterung (C). Bei einer farbigen Absetzung der Zwischenleisten kann damit ein durchaus „moderner", geradezu gewagter Effekt erzielt werden (siehe Seite 43). Eine landschaftsgebundene Variante bietet die Verkleidung mit Holzschindeln (D) oder echtem Schiefer. Ein optisch halbiertes Haus kann auf diese Weise sogar einen eigenen Reiz behaupten.

Natürlich führen auch andere Ursachen als eine Besitzteilung – wie beispielsweise ein an der Wetterseite beschädigtes Fachwerk – zur totalen oder partiellen Verkleidung von Hausfassaden. Es gibt zahllose Beispiele dafür. Auch bei ihnen sollte das Motto sein: Hände weg von Zementfaserplatten!

A

B

C

D

Der Tag, an dem ein Dach erlosch

Wie wichtig die Dachhaut für ein Haus ist, möchten die Zeichnungen auf Seite 31 zeigen. Gewählt wurde ein historisches Beispiel, ein barockes Haus, dessen Erdgeschoß für Läden genutzt wird. Das Dach ist hier eine riesengroße, gebrochene Fläche: der untere, steilere Teil der Mansarde dient Wohnzwecken und weist eine Reihe von sechs Gaupen auf, der obere, viel höhere Teil mit seinen sechs unverwechselbaren Fledermausgaupen wird als Lagerraum genutzt. Die Dachbrechung wird von einem weißgestrichenen, durchgehenden Windbrett hervorgehoben.

Seit seiner Erbauungszeit war das Haus stets mit Naturschiefer gedeckt (A). Er hält 80 bis 100 Jahre; die Platten werden in Deutschland im Unterschied zu Frankreich nicht rechteckig, sondern schuppenförmig geschnitten. Daraus ergibt sich eine diagonale Textur der Dachdeckung, die Gaupen gehen mit der sogenannten Kehle „organisch" in die Dachfläche über, ähnlich wie Fischschuppen. Neugewonnene Schieferplatten sind in der Regel ölhaltig und dunkel. Ein neues Schieferdach reflektiert wirkungsvoll das Licht und bildet eine glänzende Fläche. Im Laufe der Jahre werden die Schieferplatten etwas heller und matter, behalten aber dennoch eine angenehme, durchaus differenzierte Farbe, die immer lebendig wirkt.

Bis in die 1970er Jahre hatte das Anwesen ein stolzes Dach. Danach ersetzte man den Naturschiefer durch nicht etwa 80, sondern etwa 1000 Jahre haltende Zementfaserplatten (B). Diese sind schwarz und matt und ergeben eine vollständig tote Fläche (siehe auch Seite 44). Kein Lichterspiel, kein Glanz, keine Glorie – aber weitaus billiger und eben ewig. Dem Leitmotiv des Hauses, dem Dach, ist seine Würde genommen. Auch die etwas bessere Variante, eine neue Generation von Kunstschiefer, der die Schuppen und Unregelmäßigkeiten der Naturplatten nachahmt, stellt mit ihrer immer gleich bleibenden Farbe und dem sich stets wiederholenden Oberflächenmuster keine akzeptable Alternative zur Lebendigkeit des natürlichen Materials dar.

Ein weiterer Verlust für das Haus betrifft die Inschrift „Buchhandlung" über den linken Schaufenstern, die ursprünglich von einem Kalligraphen in Fraktur gemalt worden war und jetzt durch ein Leuchtschild aus Plastik ersetzt ist. Die alte Beschriftung war distinguiert, das jetzige Schild ist Masse. Dabei gibt es in Deutschland sicher genug Kalligraphen, die eine der alten Architektur ebenbürtige schöne Wandbeschriftung gestalten könnten.

A

B

31

Dächer und Landschaft

Die Wirkung des Dachs beschränkt sich nicht nur auf das Haus, das es deckt, sondern erstreckt sich auch auf die Landschaft, ob städtisch oder ländlich.

In Deutschland herrschten jahrhundertelang je nach Region entweder rote Dachziegel oder graubläulicher Schiefer vor. Gebrannte Ziegel waren seit dem Spätmittelalter die verbreitetste Hausdeckung (A): Die meisten Städte und Dörfer erschienen wie rote Flecken in der Landschaft (siehe Seite 44). Farbvariationen betrafen dabei die Dächer, Helme oder Hauben einzelner Gebäude wie Kirchen und Rathäuser, die in hellem Kupfergrün, bleiernem Hellgrau oder eben in Schieferfarbe leuchteten. Dies alles war Bestandteil regionaler Identität. Was man einer Kulturlandschaft antut, wenn dieser Punkt angetastet wird, versuchen die Zeichnungen B und C zu verdeutlichen.

Bei B sind die lebendigen roten Flächen aus dem Dorf verbannt. Dunkle Pfannen wurden Mode, entsprechend ärmer wurde das Zusammenspiel von Bauten und Natur. Das Gegenteil ist bei C eingetreten: Die Dorfbewohner haben sich durch das unbegrenzte Angebot der modernen Dachziegelindustrie verführen lassen und nach eigenem Gusto jeweils völlig unterschiedliche Farbtöne gewählt. Jetzt hat fast jedes Haus eine eigene Dachfarbe, und – noch schlimmer – dabei sind blaue, rote und schwarze Pfannen lasiert; sie glänzen wortwörtlich in der Sonne und blenden. Das Dorf ist ein „Phantasialand" geworden. Die Freiheit des Einzelnen hat über die Schönheit des Ganzen triumphiert.

Glasierte Dächer können freilich wunderbar sein. Das zeigt die Geschichte an schönen Denkmälern wie dem Basler Münster, dem Stephansdom in Wien oder etwa den bunten Spitzhelmen der Kirchen im Altmühltal. Auch in Sachsen sind vereinzelte gelbe Glanzdächer eine sehr schöne Bereicherung der Kulturlandschaft (man denke beispielsweise an die Kirche von Niederglaucha). Das Problem sind ihre beliebige Benutzung bei Familienhäusern und die wilde Diversität ihrer Farben. Auch grauweißliche Dachziegel sind leider in den 1990er Jahren Mode geworden; sie sind eine wahre Bedrohung – gerade jetzt, wo die qualitätslosen Dachpfannen der DDR-Zeit, die weder rot noch grau waren, langsam verschwinden!

A

B

C

Balkon und Haus

Das historische Bürgerhaus in den Ländern deutscher Sprache hat keinen Balkon. Dies ist sicher kein Zufall, ist doch das Wetter hier weniger freundlich als in Spanien, Südfrankreich oder Italien. In Süddeutschland, so im Schwarzwald oder in Oberbayern, haben allerdings viele alte Bauernhäuser doch Balkone, sie sind aber integraler Bestandteil des ursprünglichen Hausentwurfs. Populär wurden in Deutschland die Balkone erst in der zweiten Hälfte des 19. Jahrhunderts aufgrund des sich verändernden Lebensstils. Seitdem nimmt der Balkon einen festen Platz in der deutschen Wohnarchitektur ein. Nach dem Zweiten Weltkrieg wurde er besonders beliebt, enorm verstärkt hat sich diese Tendenz in den 1980er und 90er Jahren.

Das Anbringen von Balkonen an Häusern, wo sie nicht geplant waren – ganz gleich, wie alt sie sind –, stellt ein heikles Unterfangen dar. Auf diesem Gebiet wird extrem häufig gesündigt: Man nimmt willig Verunstaltungen in Kauf; wichtig ist allein die Möglichkeit, sich draußen aufzuhalten, sooft es das Wetter und die freie Zeit erlauben. Die gewöhnlichen „Balkonsünden" lassen sich in zwei Gruppen gliedern: den „Traum vom eigenen bayerischen Balkon" und das „Balkongerüst".

Irgendwo in Norddeutschland steht ein würdiges Einfamilienhaus (A). Durch seine in waagerechte Felder unterteilten Fenster gibt es sich als Werk der späten 1920er Jahre zu erkennen. Das verputzte Haus hat ein Sockelband aus sichtbaren Klinkern; auch die Türgewände mit dem Oberlicht und ein Gesims sind in diesem Material ausgeführt. Reizvoll ist die unsymmetrische Disposition von Schleppgaupe, Tür und Fenstern. Das mittlere Fenster zwischen Erd- und Obergeschoß verrät das Treppenhaus. Das Haus war ein einfaches, aber vollkommenes Ganzes – bis Mitte der 1980er Jahre. Der „bayerische Traum" beseelte den neuen Besitzer seit langem, und ein „Platz an der Sonne" fehlte dem Haus bislang. Unter dem Vorwand der Verschönerung kam es zum tatsächlichen Ruin des Hauses, wie B zeigt. Nichts ist an der durch den Balkon verursachten Stärkung der Asymmetrie zu kritisieren, und dennoch: Wie kann man das Motiv der rustikalen, flachen Balustersäulchen mit einem sauberen 1920er Entwurf vereinbaren? Dieses Motiv, das mit einer bayerischen Bauernhausfassade des 18. Jahrhunderts und ihren figürlich bemalten Fensterumrandungen wunderbar harmoniert, ist dem Barock entnommen. Hier ist es ein störender Fremdkörper!

Wenn man schon unbedingt einen Balkon anbringen mußte, dann nach Möglichkeit an der Rückseite des Hauses oder höchstens an

A

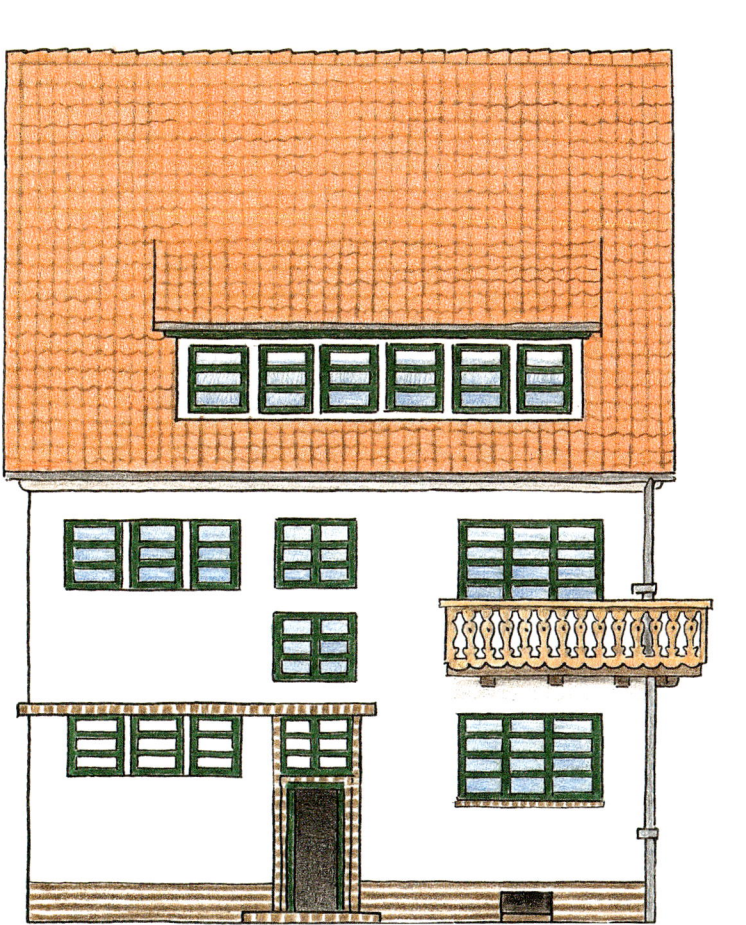

B

35

einer Seitenfront, niemals aber als bayerischen Akzent außerhalb Bayerns (siehe Seite 45). Das einzige, was der verdorbenen Fassade erspart blieb, ist eine Veränderung des Fensters oberhalb des Balkons, denn die Balkontür wurde durch die Seitenwand gebrochen. Trotzdem reicht der Balkon als solcher, um die Heiterkeit der Architektur zu zerstören.

Am Beispiel eines anderen Hauses, eines norddeutschen Bürgerhauses in Backstein, wird das Problem eines vorgesetzten Balkongestells erläutert. Oben ist das Gebäude noch im unversehrten Zustand zu sehen (A). Die Baugenehmigung für die Balkone wurde dadurch möglich, daß das Haus weit genug hinter der Häuserflucht stand. Obwohl es gegen die saubere Stahl-Holz-Konstruktion der neuen Balkone (B) an sich ästhetisch nichts einzuwenden gibt, zerstört sie doch Form und Proportionen der alten Fassade bzw. „verunklärt" sie – um ein Wort von Georg Dehio zu benutzen. Auch hier wäre die akzeptablere Lösung gewesen, die Balkone an der hinteren Fassade des Hauses zu installieren. Leider sind solche Balkongerüste am falschen Platz en vogue, wobei in der Regel die Freude an der Balkonbenutzung für einige Wochen mit der ganzjährigen Verschandelung der Hausfassade bezahlt wird.

A

B

Zaun und Haus

Auch die Einfriedung eines Hauses mit Garten hat großen Einfluß auf die Ästhetik. Hier ist nach Möglichkeit der ursprüngliche Zustand zu erhalten, sofern Haus und Zaun vom Architekten einheitlich entworfen wurden. Auf Probleme wollen die drei Zeichnungen auf Seite 39 aufmerksam machen.

Der ursprüngliche Zaun A besteht aus einer einfachen weißgestrichenen Holzkonstruktion, die von vier Pfeilern auf einem Sockel eingefaßt wird. Sie sind in Backstein gemauert, verputzt und ebenfalls weiß gestrichen. Die senkrechten Holzleisten entsprechen angenehm dem Charakter des Hausentwurfs, der auf sparsamen Akzenten basiert.

Allein der Ersatz dieses Zaunes durch einen anderen, in ein geometrisches Muster (verzahnte querformatige Sechsecke) aufgelösten, hat das Haus stark entwertet (B). Um es sich noch schön vorzustellen, muß man nicht ohne Mühe den Zaun „wegdenken". Das gedrückte, mit Kunststeinen ausgeführte Wabenmuster des Zauns ist in sich unglücklich und noch mehr für die ganz anders geartete Hausarchitektur, deren Qualität es in Frage stellt – bilden doch Haus und Zaun ein schwer zu trennendes Ganzes.

Bei C ist die Grundstruktur von Sockel und vier Pfeilern beibehalten worden. Die hölzernen Teile wurden jedoch entfernt und durch einen eisernen Gitterzaun im Neojugendstil ersetzt. Das kurvenreiche Muster zeigt Voluten, Palmetten und Wellen, alles in Weiß. Das filigrane Eisenmuster widerspricht völlig dem Geist der Architektur. Der Hausbesitzer war wohl im Urlaub im Ausland und glaubte, ein französisches, spanisches oder italienisches Gitter wäre eine wertvolle Bereicherung seines Anwesens. Leider war auch die für den Auftrag nötige, nicht gerade spärliche Summe da, und das Gitter konnte verwirklicht werden. Das südländische Muster widerspricht dem durch geradlinige Geometrie beherrschten Hausentwurf in hochkonfliktiver Weise. Verschlimmernd kommt die weiße Farbe hinzu. Verschnörkelte Gittermuster sind grundsätzlich dunkel zu streichen, sonst sehen sie wie Spitzenarbeiten aus, was eigentlich nur bei Großmutters Textilien erlaubt ist (siehe auch Seite 45). Aber auch eine dunkle Farbe hätte hier den Konflikt keineswegs gelöst.

Alternativen zum ursprünglichen Zaun gibt es nur wenige, zum Beispiel den Staketenzaun oder den in Deutschland weitverbreiteten Jägerzaun, ein Raster von diagonal genagelten, spitz endenden Holzhalbstangen. Möglich wäre natürlich auch eine Heckenbepflanzung.

A

B

C

Die Wirklichkeit – dokumentiert

Doppelte Verdunklungsmöglichkeit eines Hauses in Mittelfranken

Die Entschuldigung der in erster Linie praktisch denkenden Hausbewohner, daß ihre Rolläden ja nur nachts heruntergelassen seien, stimmt leider nicht. Auch am hellichten Tage und nicht nur vor den Schlafzimmerfenstern verderben die auch als Sonnenschutz genutzten Rolläden das Antlitz des Wohnhauses. Wenigstens im Erdgeschoß sind die alten Fensterläden geblieben, wenn auch funktional überflüssig.

Parabolantennen im Herzen der Stadt (Mittelfranken)

Weder die offensichtliche Behinderung des freien Blicks auf die Hauptkirche der Stadt noch die Lage des Hauses direkt in der Hauptfußgängerzone, die von wohlerhaltenen altertümlichen Gebäuden umsäumt ist, konnten die Bewohner dazu bewegen, auf die Schüsselantennen zu verzichten oder sie wenigstens diskreter (Farbe, Standort) anzubringen. Auf den Dächern der Nachbarhäuser sieht es nicht besser aus. Diese – häufig auch noch auffällig weißen – Antennen haben inzwischen einen „Stammplatz" mitten in historischen Ensembles wie diesem erobert – aber niemand sagt etwas dagegen, selbst die Denkmalpflege nicht.

Ulm: Uraltes Fachwerkhaus unter Putz

Ein Eckhaus hinter offensichtlich nachträglich erhöhtem Straßenniveau, in Geschoßbauweise errichtet. Den Proportionen nach handelt es sich höchstwahrscheinlich um einen Bau des 15. Jahrhunderts, der ca. 400 Jahre lang sein freies Fachwerk zeigte. Die Verputzung ist an sich nicht häßlich. Das kantige, unebene Spitzhaus mit seinem stark aus dem Lot geratenen Giebel hat noch etwas von seiner ursprünglichen, geheimnisvollen Poesie bewahrt. Dennoch ist es bedauerlich, daß die mit Sicherheit reizvolle spätgotische Fachwerkfiguration nicht zur Geltung kommen kann. Bedauerlich auch der Grund, warum das Haus verputzt wurde: um ein Massivhaus zu imitieren. Dabei sind Holzhäuser, was Wärme, Gemütlichkeit und Heimeligkeit angeht, den steinernen weit überlegen. Lieblos auch die Entscheidung der Stadtwerke, vor diese Fassade einen Elektrokasten hinzustellen!

Verunstaltung eines halben alten Hauses in Mittelhessen

Der Zustand der rechten Fassadenhälfte ist hoffnungslos: Der Eingang mit Klappen und Schutzdach ist mit seinen Formen, Farben und Materialien eine Ohrfeige für das mehrere Jahrhunderte alte Haus, ebenso die Glasbausteine neben der Tür. Die Zementfaserplatten sind von einer schwer zu überbietenden Häßlichkeit. Sie können vielleicht 1000 Jahre alt werden, sind aber schon nach den ersten etwa 40 Jahren reichlich befleckt. Die durch die dunkleren Platten der rechten Fassadenkante suggerierte „Steinverzahnung" ist ein peinlicher Versuch, trotz unbarmherziger Modernisierung dem Haus eine „historische Note" zu geben. Ebenso unerträglich sind die querformatigen Fenster, denen einige Wandständer zum Opfer fielen. Dagegen gibt die linke Fassadenhälfte weitgehend den ursprünglichen Zustand der Hausarchitektur wieder.

Meersburg am Bodensee: Zwei historische „halbe Häuser"

Reizvolles Beispiel zweier Halbgiebelhäuser, das linke als Stein-, das rechte als Fachwerkbau errichtet. Obwohl beide unter einem großen Satteldach vereint sind, gibt es keinen einheitlichen Giebel. Das liegt an der Vorkragung der oberen Geschosse des Fachwerkhauses, einer im Mittelalter beliebten Bauweise, die eine gegenüber dem Erdgeschoß vergrößerte Wohn- und Lagerfläche bot und der Steifung der Konstruktion diente. Das Fachwerkhaus weist zwei niedrige untere Etagen, ein vorgekragtes zweites Obergeschoß und drei Dachböden auf. Während beide Häuser im Parterre noch eine gemeinsame Fassadenflucht haben, schafft die Vorkragung eine zweite Fassadenebene. Der Eindruck von zwei Halbhäusern wirkt auf den Betrachter wie eine Spielerei und beweist die hohe gestalterische Freiheit und Originalität historischer Architektur.

Marburg: Ein altes Lager, zum Wohnhaus umgestaltet

Ein positives Beispiel für Teilfreilegung von Fachwerk, Verbretterung und Balkonersatz: Das in verputzter Fachwerkkonstruktion errichtete Lager stammt aus der ersten Hälfte des 19. Jahrhunderts. Es wurde entkernt und zu Wohnungen für vier Parteien umgestaltet. Die etwas wuchtige Masse des Gebäudes wirkt durch die in zwei Grautönen gehaltene Verbretterung wesentlich leichter. Die sich dadurch ergebenden vertikalen Streifen sorgen für einen modern-puristischen Charakter. Da Balkone aus der Wandflucht herausragen und das Bauvolumen so empfindlich stören würden, hat sich der Architekt für Loggien entschieden, welche die Balkonfunktion hinlänglich übernehmen. Gleichzeitig zeigen sie die freigelegten Gefache, weisen also das Haus als Fachwerkbau aus.

Dach mit Natur- und Kunstschiefer, Oberhessen

Wie leider allzu oft hat sich auch hier der Hausbesitzer bei der Erneuerung der Deckung vor etwa 30 Jahren für die kostengünstigere Variante des Kunstschiefers entschieden – zunächst verständlich, da es sich um eine sehr große Dach- und verschieferte Wandfläche handelt. Bei der Neudeckung der Gaupen jedoch vor wenigen Jahren wurde Naturschiefer als das ursprüngliche Material verwendet. Leider war diese Restitution nur partiell, aber gerade dadurch wird der ästhetische Unterschied zwischen den diskret glänzenden bläulichen Naturplatten und dem stumpfen, unschönen Kunstmaterial sichtbar.

Die alte Stadt in der Landschaft: Urach im Jahre 1568

Die getreue Darstellung des westlichen Altstadtbereichs von Urach ist der Hintergrund des von Bernhard Brändlin gemalten Epitaphs in der Kirche Sankt Amandus dieser württembergischen Stadt. (Bad) Urach ist eine kleine, bis heute in hervorragendem Zustand erhaltene Fachwerkstadt. Das Bild zeigt Neues und Altes Schloß und Amanduskirche.

Häuser, Kirche und Schloß waren und sind immer noch mit roten Dachziegeln gedeckt, was die Stadt als roten Fleck in der schönen Landschaft der mittleren Schwäbischen Alb erscheinen läßt.

Bereits im 16. Jahrhundert waren fast alle Darstellungen von deutschen Städten realitätstreu. Es sind die zahlreich erhaltenen Gemälde, nicht die kolorierten Stiche, die einen zuverlässigen Eindruck von der damaligen Farbigkeit der Städte vermitteln.

Der bayerische Bauernbalkon eines Nicht-Bauernhauses in Nicht-Bayern

Der Hauseingang der 1920er Jahre war repräsentativ genug: Portal mit Klinker-Risalit, Podest und Sandsteintreppe. Die frühere Haustür war längst durch eine Aluminiumkonstruktion ersetzt. Vor wenigen Jahren wurde auf zwei neuerrichteten Pfeilern (aus gleichen Klinkern wie der Risalit) eine Eingangsüberdachung und Balkonterrasse geschaffen. Dieser Balkon sollte das Prachtstück des Hauses werden – eine völlig unangemessene Zutat. Der bayerische Typus ist stilfremd und darüber hinaus recht plump. Besonders störend ist, wie die Brüstung gleichsam als überdimensionierte Kiste die Balkonfläche einfaßt: eine möbelartige Zwangsjacke im Eingangsbereich. Der Balkontür und den Fenstern des ersten Stocks fehlt die Sprossenteilung der noch erhaltenen älteren Fenster.

Der moderne verschnörkelte Zaun

Ein Beispiel des „Barock-auf-der-Flucht"-Stils. Es zeugt von größter gestalterischer Armut und Geschmacklosigkeit. Trotz des Anscheins einer aufwendigen Komposition wurde hier mit nur einer einzigen Einheit gearbeitet, einem C-förmigen Motiv, das ohne Symmetrie und ohne erkennbare Ordnung bald normal, bald seitenverkehrt verknüpft wurde. Allein die Mitte wurde respektiert: Sie besteht aus zwei spiegelverkehrt stehenden C, die den Rahmen für eine Edelweißblüte bilden. Sonst ist die Fläche wie zufällig gefüllt: Die zahlreichen C schwimmen wie Nudeln in einer Brühe. Das Rad dieser Gittertür, die der Autoeinfahrt dient, wirkt wie eine Prothese. Das Gitter der im Bild nicht zu sehenden Fußgängertür ist von gleicher „Qualität". Die weiße Porzellanfarbe ist für ein solches Gitter denkbar ungeeignet und kontrastiert fragwürdig mit einem hölzernen und einem verzinkten Torpfosten.

Eingangssituation eines oberhessischen Fachwerkhauses

Das Haus ist jahrhundertealt. Aufgrund der eng parallellaufenden Wandständer des Obergeschosses, die durch verbindende Kurzriegel ein „H" ergeben, ist von einer Erbauung im 18. Jahrhundert auszugehen. Die schöne Tür im Stil des frühen 20. Jahrhunderts ist leider durch seitliche, trapezoide Klappen geschützt; eine gewellte Platte bildet das Pultdach – alles in Kunststoff und längst vergilbt. Der Schaden ließe sich leicht beseitigen, denn der tragende Metallrahmen ist am Fachwerk verschraubt.

Ein bizarrer Eingang in Mittelhessen

Vor allem alte Häuser weisen oft Unregelmäßigkeiten auf, die im Originalzustand von hohem Reiz sein können, was man bei diesem umgebauten Eingangsbereich allerdings nicht behaupten kann. Er stellt einen Katalog aller erdenklichen Fehler dar: Peinlich wirkt der stilistische Anspruch der weißen Tür, die zwar eindeutig modern, aber pseudotraditionell paneeliert ist. Das Verhältnis der Glas- und Holzfläche zueinander ist abwegig, die Höhe des Griffes entlarvt die Tür als angeberischen Zwerg. Gemusterte (!) Glasbausteine umrahmen unsymmetrisch den Eingang. Der notwendige Raum ist bei der unmittelbar im Winkel anstoßenden Nachbarwand nicht gegeben und macht die Komposition so noch heikler. Damit nicht genug, findet sich noch eine sockelartige Riemchenverkleidung in unterschiedlichen Brauntönen. Der Gesamteindruck ist der eines architektonischen Unfalls.

Eine „Krieg-der-Sterne"-Tür in Oberhessen

Die Tür gehört zu einem später veränderten Haus der 1960er Jahre in einem mittelalterlichen Viertel einer intakten historischen oberhessischen Altstadt. Sie straft gleichermaßen das Haus und seine Umgebung. Diese futuristische Entgleisung hat etwas unheimlich Organisches, als ob sich hier irgendein Exkret zum schützenden Fallgitter ausgeformt hätte. Der Science-Fiction-Türgriff ist passender Teil dieser reliefartigen Türabschirmung. Der Haussockel ist feuchtigkeitssicher mit matt-dunkelgrauen Fliesen verkleidet.

Marburg: Ein nachklassisches Portal

Feinste Farbkombination bildet das gedämpfte Blau zusammen mit der Holzfarbe der Tür und dem weißen Anstrich der Wand, auf dem die Fensterläden ihre ästhetische Wirkung entfalten dürfen. Auch das Hausnummernschild ist richtig gewählt. Die zweiflügelige Tür ist dezent vertäfelt. Im linken, schmaleren Teil ist ein Schlitz für den Briefeinwurf glücklich integriert und macht so einen gesonderten Kasten überflüssig. Angenehm ist auch die Rahmengliederung des Oberlichts mit ihrem mittigen Kreis.

Der Briefkasten: akzeptabel ...

Briefkästen sind ein notwendiges Zubehör an Hauseingängen, mit dem oft genug gesündigt wird. Gut ist es, wenn sich die Kästen diskret ihrer Umgebung, vor allem dem Hintergrund, anpassen. Hier haben vier Parteien gleiche Kästen, die eine geschlossene Reihe bilden. Da die Hauswand aus braunrötlichen Ziegelsteinen besteht und der Schlagsims aus farblich ähnlichem Sandstein, wirken die Kästen recht zurückhaltend. Glücklicherweise hat man hier auf weiße Briefkästen verzichtet, die in den 1990er Jahren aufkamen und noch immer dominieren. Noch schlimmer wäre die Gruppierung der Kästen in einem freistehenden weißen Metallgestell vor der Wandfläche in der Art eines Fernsehgerätes.

... und mißraten

Der Versuch, die Kästen einem rauh verputzten Eingangspfeiler anzupassen, ist trotz des richtigen Prinzips „Hell auf Hell" gescheitert: Die Oberfläche der Kästen erinnert mit ihrer unangenehmen Textur weniger an den Wandputz als an unter dem Mikroskop analysiertes organisches Gewebe. Der Zeitungskasten komplettiert das mißlungene „Set".

Die Außenlampe: anachronistisch ...

Ein weiteres Accessoire, das sich häufig als Gegenstand von Geschmacksentgleisungen erweist, ist die Außenlampe. Hier ist sie nach heutigem „Bedürfnis" mit einer Einschaltautomatik kombiniert: unten das elektronische Auge, oben das Gehäuse für die Glühlampe, das eindeutig einem barocken Vorbild „abgekupfert" wurde. Dieses leider weitverbreitete Modell ist ausgesprochen anachronistisch, eine Mischung von „Barock auf der Flucht" und elektronischem Zeitalter. Alles an dieser Leuchte ist falsch: Sie ist zu klein und wirkt daher recht dürftig, die weiße Farbe ist unangemessen, und das Material – Plastik – gibt ihr den Rest. Zudem stellt sich die Frage, ob diese Art Lampen nicht dysfunktional ist: Sie schalten sich bei jeder kleinsten Bewegung ein, beleuchten oft überflüssigerweise und stören Leute, die friedlich schlafen wollen.

... und zeitlos

Das Gegenstück zur penetranten Unangemessenheit verkörpert diese schöne Leuchte aus mattschwarz lackiertem Stahl. In ihrer vollkommenen Harmonie von Material, Form und Farbe ist sie uneingeschränkt für jede Art von Stein-, Holz- und Fachwerkfassade geeignet.

Architektur in Deutschland
zwischen Geschichte, Ideologie
und Kommerz

Die Zeit nach dem Zweiten Weltkrieg war auf der halben Welt von großem Optimismus, geradezu von einer Fortschrittsgläubigkeit geprägt, in Deutschland zusätzlich von dem Willen, mit der Vergangenheit Schluß zu machen. In einer recht undifferenzierten Sicht der Dinge wurde die Vergangenheit pauschal für das Unheil des Krieges verantwortlich gemacht. Diese damals wohl verständliche, aber sachlich unhaltbare Vorstellung empfand fast alles Alte als kriegsverdächtig oder als Symbol kriegerischen Unheils, auch das, was zeitlich ganz weit entfernt lag, wie Barock, Renaissance und Gotik. Mit der alten Zeit wurde auch ihre wichtigste gegenständliche Repräsentanz, die alte Architektur, verurteilt. Vor allem die offizielle Kulturpolitik der BRD und der DDR förderte einen Neubeginn möglichst vom Punkte Null an. Zwar wurden unzählige kriegsbeschädigte Bauten sorgfältig restauriert, eine stark international geprägte Moderne setzte sich jedoch vielerorts rabiat durch. Die Wiederherstellung alter Denkmäler wurde begleitet von Sprengungen bedeutender Bauten in Ost und West. So verschwanden die Schlösser in Braunschweig und Berlin, die Ansgariikirche in Bremen und die Universitätskirche in Leipzig. Weitere prominente Beispiele sind Sankt Nikolai in Hamburg und Sankt Marien in Wismar – beide wurden bis auf den jeweiligen Turm vollständig abgerissen.

Trotzdem ist die von der Denkmalpflege verbreitete Behauptung, man hätte nach dem Krieg so viel zerstört wie im Krieg selbst, nur ein billiger Trost. Man wollte damit sagen, daß diejenigen, welche die Städte wiederaufbauten, genausoviel Schuld auf sich geladen hätten wie die, die sie zerbombt hatten. Gewiß hätte sich auch ohne Krieg viel verändert; die Folgen solcher Änderungen wären jedoch niemals mit der Auslöschung ganzer Städte vergleichbar gewesen. Man denke nur daran, was Hildesheim, Heilbronn, Essen, Darmstadt, Würzburg oder Pforzheim im Bombenkrieg widerfahren ist. Daher hat die Behauptung der Denkmalpfleger höchstens etwas mit einer problematischen politischen Korrektheit zu tun.

Angesichts der ungeheuerlichen Modernisierung Deutschlands nach dem Krieg kommt das Lamento derjenigen, die noch mehr Raum für die Moderne fordern, einem Hohn gleich. Die Moderne konnte sich hierzulande bis zur Sättigung austoben. Auch die Befürworter der architektonischen „Kontraste" sind anscheinend unersättlich, denn unsere visuelle Kultur besteht heute fast nur noch aus lauter Kontrasten – mehr sind kaum zu ertragen. Die Befürworter der Moderne haben bei ihrem

Nürnberg, Panorama der Altstadt von Südosten. Trotz der großflächigen Zerstörungen am Ende des Zweiten Weltkriegs konnte in Nürnberg das überkommene Dachpanorama wiedererstehen. So sind die ca. 250 erhaltenen historischen Häuser, die Kirchen und öffentlichen Bauten in eine meist angenehm diskrete Neubaustruktur integriert, die nach wie vor von der gewaltigen, 4 km langen Stadtmauer umschlossen wird.

freien Tun kaum gegen ein Verbot zu kämpfen. Die Verteidiger des kulturellen Erbes dagegen haben den immer stärker werdenden Druck der Moderne mit ihren vorrangig kommerziellen Interessen auszuhalten.

In der Rückschau von heute auf den Wiederaufbau in Deutschland kann man besonders glücklich über jene Städte sein, die sich mit wachem, erstärktem historischem Bewußtsein an die Rekonstruktion machten: Münster, Freiburg und Nürnberg sind drei von ihnen. Sie haben immer noch ein eigenes, geschichtsträchtiges Gesicht. Gegenbeispiele sind Köln, Kassel oder Frankfurt, wobei es unmöglich gewesen wäre, die beiden letzten

als Fachwerkstädte zu rekonstruieren, wohl aber nach ihrem alten Straßennetz und in ihren früheren Bauvolumina, die beide so gravierend geändert wurden, daß mit dem Wiederaufbau eine neue Zerstörung, die der visuellen Identität, verbunden war. Der Autoverkehr hat sich dabei als besonderer Feind der historischen Stadtkerne erwiesen.

Massiv gebaute Städte wie Dresden hätte man eigentlich Haus für Haus wiederherstellen können, wäre der Wille dazu vorhanden gewesen. Dies belegt per Analogie die Stadt Danzig, in der es den polnischen Restauratoren gelungen ist, nicht nur Einzeldenkmäler, sondern praktisch alle Straßenzüge zu rekon-

Düsseldorf, Königsallee, ehemaliges Warenhaus „Tietz", Joseph Maria Olbrich 1907–09. In den 1830er Jahren entstand durch Begradigung des Stadtgrabens die Königsallee, die von repräsentativen Bauten umsäumt ist. Der berühmte Wiener Architekt J. M. Olbrich schuf mit seinem Warenhaus einen architektonischen Höhepunkt der eleganten Allee.

struieren. In den Städten des Westens, wo letztlich Verwertungsinteressen über noch so engagiert geführte städtebaulich-ästhetische Diskussionen dominierten, wäre so etwas unmöglich gewesen.

Aber auch wenn man die Modernisierung akzeptiert und als selbstverständlich betrachtet, bleibt das „Wie" wichtiger als das „Was". Ein gutes Beispiel sind Kaufhäuser, die durch ihre Größe entschiedene Akzente der Innenstädte bilden. Etwa zwischen 1900 und 1930 war die Kaufhausarchitektur eine bemerkenswerte Bereicherung der Großstadtzentren – so in Berlin, Hamburg, München, Leipzig und Düsseldorf. Die davon noch erhal-

tenen Gebäude gehören zum Besten dieser Stadtmitten. Dieselbe Aufgabe, nämlich die Errichtung großer Kaufhäuser, führte nach 1945 und zum Teil noch heute zu schmerzlichen Verlusten an Qualität der Innenstadtarchitektur. Auch die Parkhäuser und die mindestens zwei Jahrzehnte lang im Westen errichteten Bauten der Sparkassen sind eine schlimme Hypothek vieler Stadtzentren. Durch diese Neubauten kam es zu einem offenen Konflikt mit der erhaltenen Substanz bzw. zu einer deutlichen Verarmung der Stadtlandschaft. In den neuen Bundesländern ist dieser Vorgang zeitversetzt in zahlreichen Stadtzentren zu beobachten. Wenig Hoff-

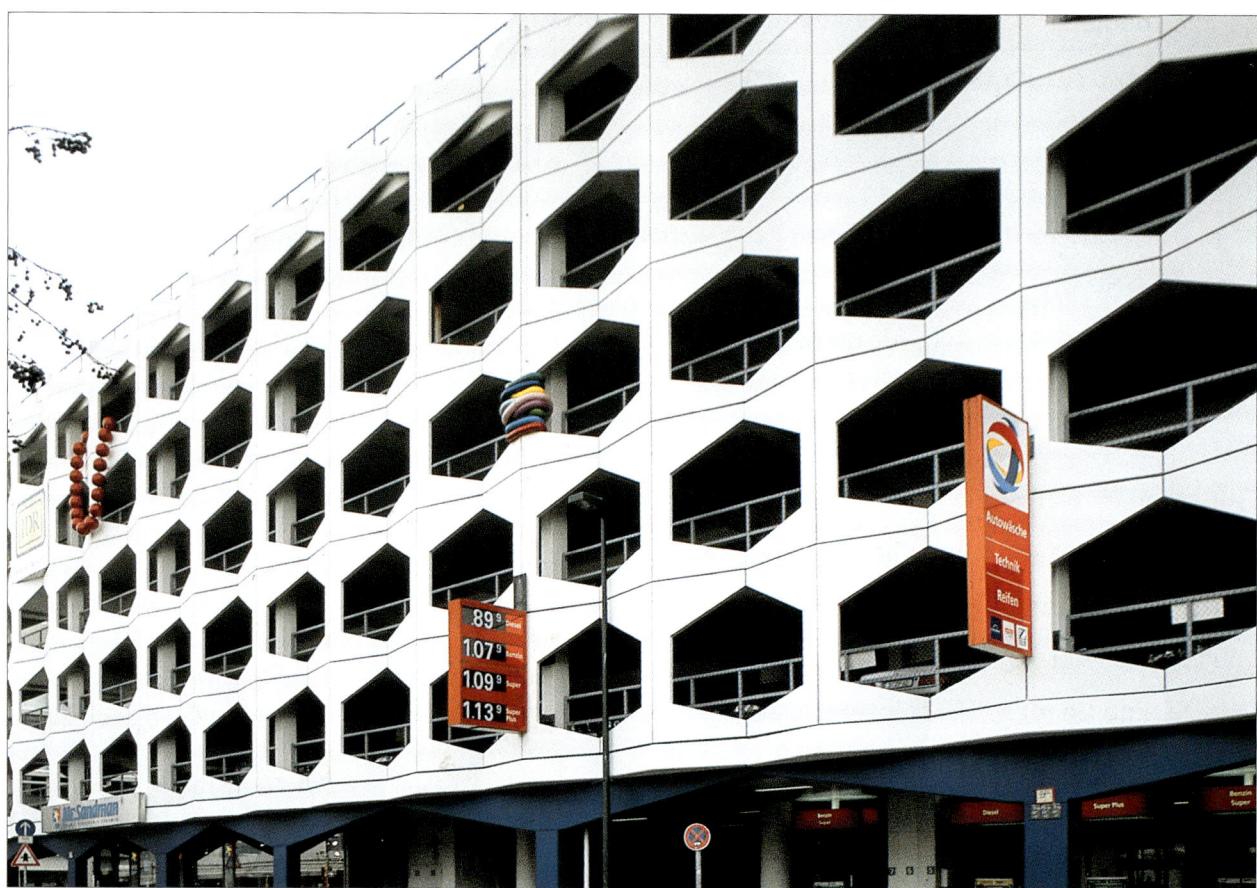

Düsseldorf, Carlsplatz, Parkhaus. *Dicht am Altstadtbereich, unweit der Kirche Sankt Maximilian, wurde vor einigen Jahren eine der provokantesten Parkhausarchitekturen unserer Zeit geschaffen. Das Werk ist durch ein Sechseckmuster geprägt. Dieser Zellenbau ist äußerst aufdringlich und vernichtet optisch seine ganze Umgebung.*

nung vermittelt die Feststellung, daß es auch in Städten, die zum Weltkulturerbe erklärt wurden, ungehindert zu großflächigen Verunstaltungen kommt. Ein Beispiel hierfür ist der Neubau eines Großkaufhauses um 1995 in Lübeck hart an der Marienkirche. Daß es auch anders geht, zeigt das frühere Beispiel des Kaufhausneubaus an der alten Mainbrücke in Würzburg.

Die allgemeine architektonische Qualität der 1990er Jahre hat sich im Vergleich zu den drei Jahrzehnten davor oft gebessert, natürlich nicht überall und immer. Viele Architekten können offensichtlich das Wort „Anpassung" nicht einmal hören. Die nur höchst selten

gelungenen Bauten der sogenannten Postmoderne der 1980er Jahre haben lediglich ein wenig dazu beigetragen, daß traditionelle Typen und Formen wieder salonfähig werden durften.

Die Gestaltung von Neubauten in den Städten ist ein hartumkämpftes Feld, auf dem mittlerweile leider zu oft die billige „Investorenarchitektur" triumphiert. Die amtliche Denkmalpflege, oft schwach genug, steht mehr und mehr unter dem Druck derjenigen, denen die architektonische Qualität nur noch ein Hindernis für ihre Gewinnoptimierung ist. Andererseits ist das Bewußtsein für den Wert historischer Ensembles gewachsen. Sich gelegentlich bildende Bürgerinitiativen kapitulieren allerdings oft vor der Lernunwilligkeit vieler Politiker – wie man sieht: eine Lage voller Widersprüche.

In dieser Situation kann nur helfen, wenn immer mehr Bürger für das Problem von Erhaltung und Erneuerung, für die Spannung zwischen Erbe und sich verändernden Bedürfnissen sensibilisiert werden. Am besten sollte dies schon im Schulalter beginnen – und dieses Buch möchte gern dazu beitragen –, was bislang aber kaum geschieht. Mit einer solchen Sensibilisierung hätten Deutschland und Europa eine Chance, sich selbst treu zu sein. Veränderungen sind selbstverständlich; die Identität darf sich wandeln, aber nicht selbst vernichten.

Hamburg, Mönckebergstraße, Kaufhaus „Klöpperhaus", Fritz Höger 1912–13. Vor allem dank der Architekten Fritz Schumacher und Fritz Höger bekam die Stadt Hamburg Anfang des 20. Jh. ihr herbes nordisches Lokalkolorit zurück, das auf der mittelalterlichen Tradition des Backsteinbaus basiert. Die dunkle Baumasse und das helle Grün der Kupferdächer sind Klöpperhaus und Petrikirche gemeinsam.

Fachwerkvokabular

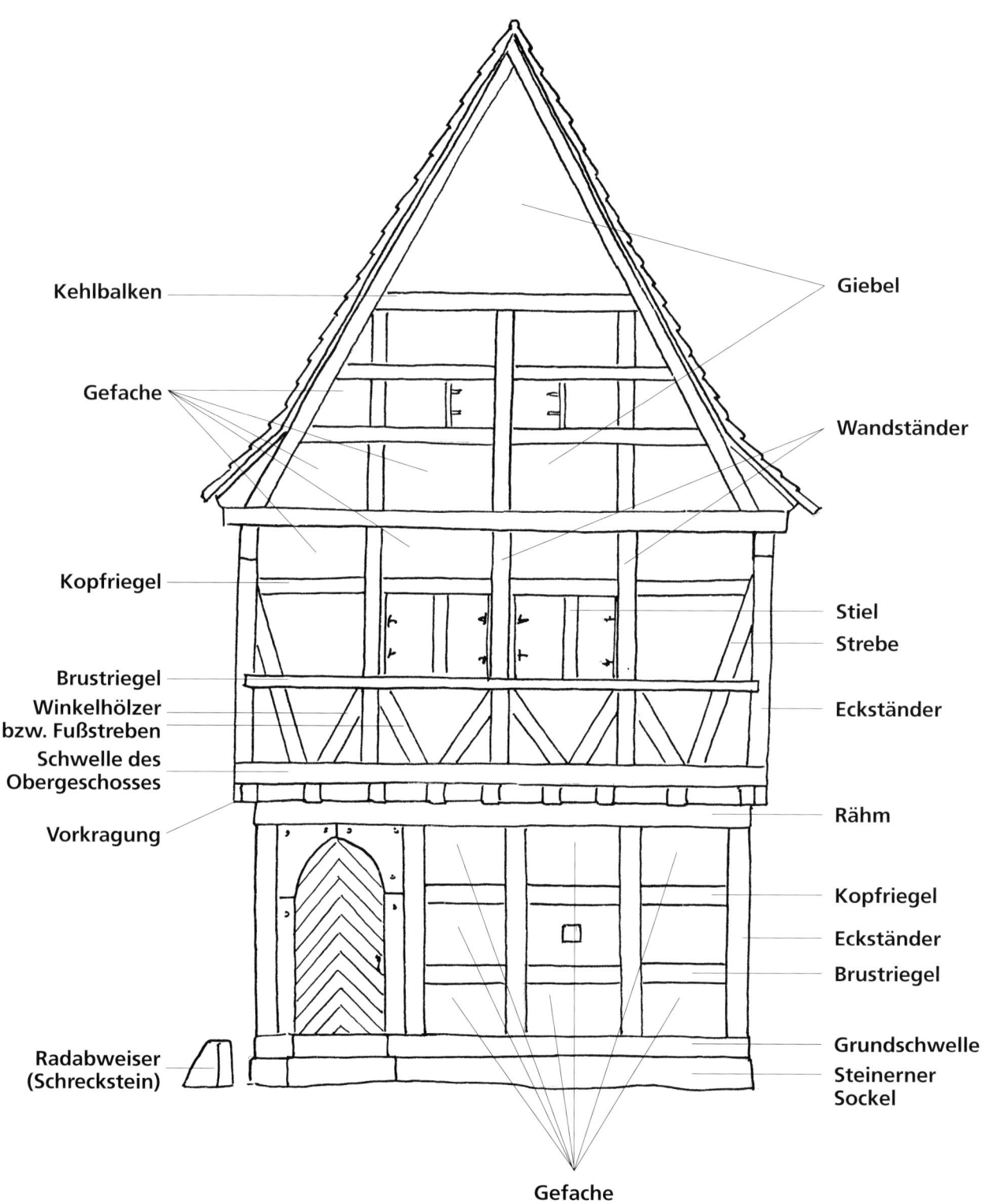

Kehlbalken

Gefache

Kopfriegel

Brustriegel

Winkelhölzer
bzw. Fußstreben

Schwelle des
Obergeschosses

Vorkragung

Radabweiser
(Schreckstein)

Giebel

Wandständer

Stiel

Strebe

Eckständer

Rähm

Kopfriegel

Eckständer

Brustriegel

Grundschwelle

Steinerner
Sockel

Gefache